살아있는 정물

살아있는 정물

안혜원 시집

설탕한스푼

시인의 말

바다는 오랫동안 강자였습니다.
드센 힘을 무릅쓰고 캄캄한 속으로 뛰어들어
펄떡거리는 생명을 휘잡아야 살 수 있던 사람들의
은혜를 비는 주문은 끊임이 없었지요. 이제 그는
높은 곳에서 내려와 애완의 자리에 앉았습니다.
목숨을 걸었던 사람들은 떠났습니다.

속천은 섬과 등대를 품어 아름다운 동네입니다.
손 닿는 물결과 갯내는 살아있는 그림이지요.
아픈 이야기들은 잊혀도 좋을 옛일이 되었어요.
이제야 내놓는 글은, 낯선 길 거침없이 떠났던
이름 없는 탐험가들을 위한 소박한 노래입니다.

2022년 9월 안혜원

목차

시인의 말 5

1부   바다는

　　　속천애가 17

　　　속천기

　　　　　　- 갯벌 18

　　　　　　- 아버지 19

　　　　　　- 흔적 20

　　　　　　- 뒷 숲 22

　　　　　　- 二月 24

　　　　　　- 밤 수영 26

　　　　　　- 물위의 작은 집 28

- 표류   32

판화

           - cassigneul의 여인   34

다시 바다   36

2부   도시는

살아있는 정물   43

나비, 또는 보이지 않는 것에 대한   48

휴일   49

이런 고요   50

이상한 밤   52

중독   55

밤길   59

고기 굽는 사람들   61

겨울그림   63

번개의 입   65

일어나세요, 어느 나라의 어머니   68

옥수수 여인   71

사월 어느 하루에게 말하듯이

    - 오래 머문 자리를 떠나며 74

그대 뒤의 한 사람 76

3부   나무는

미루나무 꿈 83

꽈리

  - 끝옥이 86

빗소리 88

물을 보며 90

강가에 살기 93

그 오리 96

폭설의 이유 98

후박나무 숨소리 100

시월에 우리는 102

수선화 104

하얀 여름 106

콩꽃 108

짠맛에 대하여 111

시를 모티브로 한 이야기 하나.
물 위의 집 117

엮은이의 말 133

1부

바다는

속천애가

사월 흰 꽃 가렵게 솟는
여윈 등 긁어 피금 그으며
이태 전 죽은 바다 가슴으로 끌어안고
오너라 오너라 곡하는
속천 내 아버지 억센 수염 속
꿈틀거리는 작은 섬 사랑으로는
건져낼 길 없는 밤
물의 땅 깊은 곳
숨 그치고 누운
북두칠성 녹슨 혼.

속천기
     - 갯벌

어부는 보따리를 싸서 남쪽으로 떠나고
갯벌은 덩달아 행방불명.

주먹질은 욕설과 평상에 앉아
화투짝으로
내일 솟을 해 따먹기에 열중.

매립지 암모니아 무더기에
흰 머리카락 엉클리고 누운 선창은
나는 못 간다, 나는 못 가
신음 중.

빚으로 사랑으로 도망쳤던 자들은
한번 슬쩍 와 보셔도 좋음.

속천기

> – 아버지

바다를 계획하고

바다에 기를 올려

바다를 헤매다가

바다와 부딪혀서

바다에 쓰러지고

바다를 바라보며

낯선 자락에 누운

눈빛 푸른 소년

아버지.

속천기
－흔적

집은 그대로 있는데
웬 아이가 울고 있다.
내가 울던 담 밑에서

다가가 물 좀 달라고 하니
찢어진 바가지를 내밀면서
눈을 흘긴다.

꽃들은 이미 땅속으로 스며들었고

개울을 지나며 아래를 보니
큰 곳까지 잘 흘러가라고
고이 띄웠던 종이배가 덤불에 걸려

아직도 머뭇거리고 있다.

속천기

　　　　- 뒷숲

배 안을 구경시켜 줄게

가까이 오면

헝클어진 담요에 숨어 반짝거리는 빈대.

등대까지 태워줄게

손을 내밀면

물보라를 흩뿌리며 다가가니 놀라 흩어지는 갈매기 떼.

돌아와서 그는 약을 먹었다

생모를 기다리며

며칠을 굳은 채 누워있던 뒷숲

무섬에 떨며

물 뜨러 다니는 아이는 커버렸고

젖은 목소리만

가까이 와,

손을 내밀어, 라고 바람 속에서.

속천기
－ 二月

발 딛는 곳마다
일을 저질러
온통 주름살 그려 놓았던

그가 나무상자에 갇혀
불 속으로 밀려간 두 시간 후

연기와 함께 남은
뜨거운 몇 개의 굵은 뼈들이
하얀 재로 부서질 때

그는 소리를 질렀다.
그만 해, 그만.
너무 아파.

속천기

- 밤 수영

여름밤은 더디 왔다.

달빛이 환하면 더 좋았다.

둥근 상에 둘러앉아 저녁밥을 먹은 후

부채질하며 바다의 눈치를 보았다.

이윽고 갯벌이 잠기고

집 앞까지 물 들어와 철렁거리면

덴마를 한가운데 띄우고

누가 먼저랄 것 없이

컴컴한 밤바다 속으로 뛰어들었다.

하얀빛들이 번득이며

손가락 사이사이

온몸의 피부에 감겨들어

상처 난 마음을 식히고 닦아주었다.

우왓, 크크, 히잇, 우우,

온갖 소리가 은빛 물비늘에 섞여

세상과 멀어진 동굴 안처럼

웅웅대며 가득 차올랐다.

물속에서 검은 해초가 발목을 휘감아도

뜨거웠던 속이 차게 식으면

모두 냉정한 표정으로 물 밖으로 나왔다.

머리부터 발끝까지 탈탈 털어내고

저벅저벅 물발자국 찍으며 돌아와

한여름 밤 꿈 속으로

용감하게 들어갔다.

속천기
– 물 위의 작은 집

찰랑거리는 바닷물 위에 통나무로 기둥 세우고

– 기둥엔 까만 홍합들이 보석으로 박히기 시작했어.

함석지붕을 얹고 바다로 향한 창을 내면

어부들 들락거리기 좋은 술집이 되었는데

겨울엔 추워서 어찌 살았나 몰라

쪽가르마에 지독했던 술장사 야시 할매

들려오는 소리로는 술에 물 타서 팔아

속주머니 그득한 알부자 되었다고

혼자 키운 아들 하나로 며느리보고 손자보고

동네 어귀 큰 집까지 사들인

복덩어리라 불리던 물 위의 작은 집.

할매가 종일 쓰다듬던 기름진 고양이 한 마리
약 먹고 죽은 쥐 잡아먹고
하필이면 우리 집 천장에 올라가 죽어
꼬물꼬물 떨어지는 구더기 때문에
울 엄마와 몇 날 며칠을 싸웠는지

지금도 구십 넘어 정정하게 사신다고
착한 그 며느리 차암 불쌍하더라,
바람결에 누가 한 말 듣기라도 하면
팔 걷어붙이고 따지러 올
욕쟁이 야시 할매

하지만 길고 더운 여름날
섬이 보이는 나무 창 열어놓고

어렴풋이 물 비치는 반들반들한 나무 마루에서

하루만이라도 가서 놀고 싶었던

물 위의 작은 집

속천기
- 표류

선장 김씨, 바보 아이를 낳아
윗목에 밀어두어 지웠다는 얘기를
늦은 밤 취해서 아버지 앞에서 하던.

그 후 시름시름 여위어 가다
배를 몰고 나간 후 돌아오지 않아
노인에게 물으니 죽었을 거라고
아이 귀신이 씌어 따라갔을 거라고.

아버지는 돌아누웠지만
우리는 밤마다 선창에 서서
가만히 물 흔들며 다가올
귀 익은 발동기 소리를 기다리며

섬과 등대와 안개를
손금 보듯 하는 뱃놈이니 돌아오리라고
그의 숱 많은 머리카락 냄새 맡듯 갯내를 들이키다가
지쳐 돌아서던 그 날,
잠든 방파제 안으로 수척하여 스며들던 선장 김씨.

알 수 없는 큰 파도 만나
낯선 땅으로 밀려가서 죽을 고생했노라고
이제 배는 그만 타야겠다는 얘기를
늦은 밤 취해서
굵은 주름 눈물로 적셔가며
아버지 앞에서 주절주절 꺼내 놓던.

판화
- cassigneul의 여인

검은 모자를 쓴 여인이
창가에 구부리고
바다를 기다리고 있다
돛단배 한 척
흰 구름 한 점
푸르게 오고 있는 바다는
반쯤 열려 있다.
허리는 휘어서 회색으로 빛나고
모자 속에 숨어
가늘게 뜬 눈이
둥근 해당화로 낮게 피었다
시간은 호루라기를 불며 떠나버려도
여인은 석판 속에 남아
기다리고 있다.

다시 바다

1.

 눈을 뜨면 싸움과 욕설이었다. 해가 솟으면 집나간 아이가 검은 점으로 수면을 흔들며 떠올라 울음은 동네를 불끈 쥐었다 놓았다. 눈이 부은 여자들은 어두워지면 머리를 감고 촛불을 켜고 훠어이, 소금 뿌리며 물귀신을 달래려 바닷가에 앉았다. 그러나 다음날이면 낡은 잠수복의 사내는 다시는 물 밖으로 나오지 않았다.

2.

 아아, 해파리처럼 불행은 칭칭 몸을 감고 놓아주지 않았다. 푸르게 날선 칼이 있다면 모든 것 단숨에 자르고 떠나리라. 마른 땅으로, 혼자인 모래바람 속으로. 열띤 중얼거림에 혀 갈라질 즈음 시간의 칼은 바다의 질긴 끈을 잘라 주었고 풀려난 나는 한 번도 뒤돌아보지 않고 먼지바람을 타고 떠나버렸다

3.

어느 겨울 목이 말라, 처음으로 피가 말했다. 덩달아 피의 눈물이 쏟아졌다. 금이 가고 부서져 달래고 얼러도 그치지 않은 보챔으로 뒤돌아보니 낯익은 바다의 얼굴이 흰 이빨을 보이며 웃었다. 몰래 쫓아 왔어. 젖은 손이 피를 어루만졌다. 반가워 눈을 크게 뜨고 바다의 깊은 속을 들여다보았다. 소금기로 끈적한 휘파람이 흘러나와 나를 다시 묶었다. 낯선 진통이 시작되었다. 메마른 또 다른 바다였다.

2부

도시는

살아있는 정물

1

멀리서 너를 보았을 때 휘파람을 불고 있었다
가까이 가서 보니 불타올라라
불타올라라 주문을 외고 있었다
다가서니 차디찬 웃음이었다
떠나면서 보니 웃음이 아니라
입술 베어질 듯 깨물고 있었다
한참 걷다가 뒤돌아보니
모든 것 정지하고
쏟아지는 달빛의 칼 고스란히 맞고 있었다
그리고 다시는 움직이지 않았다.

2

들에 나갔다가 한 무더기 황혼을 훔쳐 왔다.
뿌지직, 소리 내며 황혼이 뜯길 때
하늘에서 피가 조금 묻어 나왔다.
가슴 속에 구겨 넣은 황혼은
아프다고 발을 구르며 보채다가
깊은 밤 겨우 잠이 들어
두근거리며 한 송이 두 송이 피어나서
큰 동네와 길과 모래 모두 녹여 삼켜버리고
아침에 깨어나니
빈 컵만 조각나
붉은 얼룩 지우고 흩어져 있었다.

3

휘저어 넘어뜨려도
팔 꺾어 걷어차도
버리지 말아 버리지 말아 따라와서는
숨었다 몰래 도망을 쳐도
이불 속까지 가만히 따라와서는
더듬어 꿈틀거리고 뼈속에 스며들어
말하지 말아 말하지 말아
차게 차게 흐르는 강.

4

적막의 허리를 졸라매어
한번 태어난 놈은 썩지 않는다
물 위에 쓰러져 바람 끝에 찔려
갈갈이 흩어져도
푸른 물 쭉 뽑아 올려
박자 맞추어 춤추어 본 놈은
절대로 누워버리지 않는다
푸르게 세상 끝까지 따라가서
모두 죽어도
끝까지 살아남아 흔들린다
춤춘다.

나비, 또는 보이지 않는 것에 대한

닫은 창틈으로
나비는 비집어 들었다.

펄럭이는 얼룩무늬
푸르르 비늘들이 떨어져 내렸다.

큰 이파리를 그리워하며
안아보기, 샅샅이 더듬기, 그리고 꿈틀거리면서
조금씩 신선한 물 가까이로
다가가는 기분을 느꼈다
마지막으로

-펌프는 매일 녹슨 소리를 토해 내었다.

휴일

세모지고 네모난
무대장치를 부숴 버리고
표정의 부드러움을 강조한 후
창문을 꼭꼭 잠근다.

바람이 다 처치해 버리길 기다려
놈들을 하나씩 삼켜버릴 것.

조명이 사라지면
누울 것.

이런 고요

이른 새벽 날일 떠나는 사내 들끓는 가슴의 기침 소리는 좌르륵 물 내리는 소리에 시작되는 뽕짝에 섞여들어 깨어난 아이 벌세우는 탁 트인 목청에 부엌 펼친 아낙네들 음담으로 월부 세탁기 신나게 돌아가는 거품 속 화려하게 계란 사, 마늘, 배추 사, 퍼퍼! 와르륵 개들이 일어서다 이슥하면 서툰 부부 패고 터지기 시작하는

오오, 이런 고요를 아시나요.

이상한 밤

그대와 나
알몸으로 누운 밤을
한 외계인 나타나 들여다보고 있다.

넓적한 푸른 모자를 쓰고
길게 뺀 타조의 목
가로로 앙다문 두툼한 입술에선
희뿌연 독을 피우면서.

우리가 벗은 것이
무어 신기한 일이라 들여다보나
지구인은 다 이러는 것.

눈치 못 챈 순한 그대 뒤척이지만

저 가스 배출기가 들여다보는

이상한 밤에

그대와 나 이대로 잠들 수는 없다.

중독

나는 너에게 중독되었다.

 추운 저녁 길목을 돌아 모르는 척
그냥 와 버리면 될 것을
하얀 김을 피우면서

종일 퉁퉁 부었을 발은 내색 않고
밀가루 반죽이 얼마나 내려가나 연신 훔쳐보며
붉게 부은 손에 기름 묻혀 호떡을 구우며
얼룩덜룩 더러운 비닐 휘장 속에 서 있는 그녀와

무 넣고 종일 끓인 뜨거운 국물 속에
팅팅 마음껏 불은 몸을 건져 올려
입 속에 조금씩 우겨 넣는 허기보다

종이컵에 국물을 부으며 나누는
몇 마디 말 조각들이

어린 날의 돛단배처럼 그리웠다.

앞주머니 동전이 그득해지고
투명비닐 장갑을 벗었다 끼었다 바빠질수록
그녀는 조금씩 더 아름다워지고

길에 선 자신이 대견스러울 때면
저녁을 지을 수 있을 적당한 힘만 남아도
하루가 흐뭇할 것 같았다.

봄은 오지 말라고,

추운 길에 서서도 웃을 수 있다면

일 년이 온통 혹독한 겨울이어도 좋다고 중얼거릴

그녀 때문에

나는 너에게 중독되었다.

밤길

어쩌면 밤이 아닐지 모른다.
의혹과 진실은
말없이 선 나무와 구별되지 않은 채
잠자는 사람들처럼 조용하다.

수풀 속을 헤집을 때
서걱이는 소리 때문에
발이 닿는 그 속을 알지 못하듯이
어떻게 이곳까지 왔는지
지난 흔적 없듯이

바람이 시간의 긴 자락 끌며 따라와
다시 긴 풀들을 흔들어 세워놓는 것을
자꾸 되돌아본다.

너무 깊다 너무 어둡다

너와 나의 밤길.

고기 굽는 사람들

일을 마치고 어두운 밖으로 나서면
낮의 조용한 풍경은 어디로 갔는지
요란한 그림이 펼쳐져 있다.

둥근 쇠통을 길가에 놓고
왁자지껄 떠들며 고기 굽는 사람들.
웅웅대는 자동차
걸어가는 사람들의 눈길은 아랑곳없이

뿌연 연기를 피우며
손바닥 가득 상추쌈을 싸서
오늘도 행복했다고 말하고 싶은지
입을 크게 벌려 밀어 넣는다.

의자에 등받이가 없어도

한두 시간 너끈히 버티는 힘은

한 턱씩 주고받는 마음에서 나오는 것

숯불은 맹렬히 타들어가고

고기는 자꾸 모자랄 터이지만

아무 걱정 없이 눈길을 나누며

고기 굽는 사람들.

겨울그림

부끄러운 작은 웃음까지
조각내어 수놓은
긴 유리길을 걸어
코끝에 가만히 와 닿은
그대 손등의 절망적인 향기가 있었지요.

낯설기만 했던 길이기에
서둘러 돌아와
한 번도 뒤돌아보지 않았다고
꿈속에서라도 나무라신다면

그대 누운 찬 바다 속으로
훠어이, 내 눈물을 뿌릴까요
부옇게 지쳐가던 등으로

밤새 달려들던 싸락눈을 쓸어

따스한 무덤 하나 만들까요.

번개의 입

가만히 다가오는 것이 있었다.
은색 빛자락을 소리 없이 끌며
몸을 휘감아 올무를 틀어
신처럼 우뚝 서는.

얼음 쩍쩍 금가는 소리보다
더 크게 비명을 지르면
모든 잡것들은 물러나고
출렁대는 피조차 잠잠하게
단칼에 베는 목숨
꿈과 사유 그리고 뜨거움까지도
다 넣어 삼키는.

한 방울 흘림 없이 말끔히 처리하는

여름 밤 번개의 큰 입.

꿈속에서나 벌어지는 일이 아니었다

어쩌면 곧 다가올.

일어나세요, 어느 나라의 어머니

아침부터 술을 마시고
해가 중천에 뜨도록 깊은 잠이 든
어느 나라의 어떤 어머니

아무도 모르게 숨겨 둔
큰 술병 혼자 비우고
저 세상 가듯 코를 고는
누군지 모르는 어느 어머니

장정 서넛 예사로 욕설을 퍼붓고
새벽마다 땅을 흔들며 기름통을 굴리던
낯선 나라의 어떤 어머니

시퍼렇게 바다는 살아 있고

애틋하게 먹이고 입혀 키운 자식들은
배고파서 문을 여는데

어머니, 일어나세요
아무 걱정마시고 웃어보세요.
같이 앉아 따순 밥 먹어본 적 한번 없었던
모르는 나라의 어느 어머니
이제는 잊혀진 우리들의 어머니.

옥수수 여인

대리석 바닥 은행 앞 길 모퉁이

옥수수 몇 개 서툴게 차린

낡은 리어카 옆 수줍게 선

그녀 처음 만난 초여름 땡볕

흘러내린 머리카락 여윈 목을 타고

마냥 눕고 싶은 아이 매어단 채

이리 쫓기고 저리 쫓기며

칼끝 같은 눈길 고스란히 받아

마른 풀잎으로 서 있던 그녀

불덩어릴 안고 더는 밀릴 곳 없어

낯선 놀이터 구석에 아이를 내려놓고

서걱서걱 초록 잎처럼 커 오른 검은 얼굴

손 베어 번지는 핏빛 웃음으로
금쪽같은 길 한 자락 차지하고서

더울수록 푸른 눈빛
붐비는 네거리 신호등으로
당당하게 햇빛 속에 선
그대는 옥수수 여인.

사월 어느 하루에게 말하듯이
- 오래 머문 자리를 떠나며

등 뒤의 라디오마저 고장 났다.
그렁그렁 울음을 가라앉히며
괜찮아, 다독이던 창가의 별 하나.

여름날은 뜨거웠을 것이고
겨울날은 얼음이었을 텐데
소 닭 보듯 했으니 병이 날 만도 하지.
어쩌면 나보다 더 힘들었을 것.
이젠 말도 노래도 하지 않고
그저 쉬고만 싶을 테지.

절박한 날 먹여 살려주던 고마운 자리를
툴툴 털고 일어서는 시간이 왔다.
찻소리 시끄럽다고 불평하지 않아도 되고

낯선 사람들과 느닷없는 만남도 없겠지.

이별이라는 말은 차마 못한다.
가습기에게, 에어컨에게, 선풍기에게,
여위고 아픈 화분들에게,
이제 저녁이야, 말해주던 큰 나무 그림자에게,
끊임없이 씽씽 달리던 차들에게
더운 김 올리며 배고프게 하던 아래층 떡집에게
지루했던 시간들에게.

사월의 어느 하루에게 말하듯이
다시 오지 않을 시간에게 말하듯이
고마웠어, 너를 잊지 않을게.
정답게 안아주고 돌아서는 날이 드디어 왔다.

그대 뒤의 한 사람

어스름 해 질 무렵 늘 그랬듯이
고개 숙인 채 그 길을 돌아옵니다
십 년이나 이십 년이나
더 먼 훗날까지도
조금도 좁혀지지 않을 그대와 나의 거리
때문만이 아니고
다시는 뽑히지 않을 듯 굳게 자리 한
말 못할 슬픔과 음모와 가난
때문만도 아니라
해결하지 못할 외로움으로 서 있을
또 한 사람의 그대
그대 뒤의 한 사람이
홀로 메말라가는 저녁 나무처럼
한 번만이라도 흠뻑 속물 올리며

울 수 있는 순간을 기다리며

끊임없이 두리번거리는 사람

그 사람이 그리워 고개를 묻는 것입니다.

3부

나무는

미루나무 꿈

먼눈으로
한 사람을 기다리다가
치마폭은 너풀너풀 낡아버렸습니다.

머리 위에 별이 지고
때때로 큰비 쏟아져 내려도
끄떡 않고
오래오래 서 있는 것은

날마다 쉬지 않고
먼지 일으키며 달려오는 소리로
지친 뿌리 흔들어

두레박질 연거퍼도

맑은 물 자꾸 고이는

깊은 속 알기 때문.

한 사람을 기다리다가

내 머리카락은

치렁치렁 길어서

찬바람 하늘가에

산산이 흩어져 버렸습니다.

꽈리
－끝옥이

초록 주머니
발갛게 익을 때까지 두어두고
참아내는 일이 힘들었지.

따서 두 손가락으로
말랑말랑해 지도록
종일 굴리는 일이 힘들었지.

속에 든 심지까지
쏘옥 뽑아내고

투명해진 껍질 속에
후, 숨을 불어넣어

뽀드득, 소리 하나 내는 일이
정말 힘들었지, 친구야

늦여름 뜰에서
예쁜 꽈리 만들어
입속에 자주 넣어주더니

얼마나 힘들었으면
겨우 스무 다섯 해 견디고
아찔한 곳으로
떠나 버렸니.

빗소리

뾰족한 선인장이

어느새 굽어 있다

밝은 곳으로

종일 비 내리고

어디로 갈까

헤매는 투명한 끝이 보인다

한 달째 장마 중.

더 세게 두드리는

물을 보며

아기는 자고 있다
잠깐 고개를 돌리고
지나온 곳을 보았다.

아기는 자고 있다
달큰한 냄새가 스며 온다
흔들릴 듯 가까워지면서
눈앞이 아득하게 흐려왔다
아주 끊어져 버린 것이 아니라
여태까지도 돌아서 버리지 않은
기다리듯 서서 그렇게 오랫동안
있을 수 있는지 믿어지지 않았다.
아기는 곧 깨어날 것이다

그대로가 좋았다.
앞으로도 그럴 것이다 말없이
고여서 갈아 앉고 비춰면서
고스란히 그렇게

아기는 자고 있다
곧 깨어날 잠을.

강가에 살기

집을 떠나 강길을 나선다.

은행나무 묘목이 촘촘히 자라있는 작은 숲을 지나
무너질 듯 누워있는 언덕을 밟고 서면
거기 수련 가득 핀 연못 하나 고여 있고
수십 년 무너지지 않고 버틴 나무다리 건너
아직도 초가집 마을에
더러운 젖소 몇 마리 우두커니 서 있는 마당 안으로
질척이며 검은 분비물들이 흐르고

미동도 않는 햇빛 퍼부어 내리며
오이나 호박 비닐하우스 속에서 쑥쑥 커 오르고
화학물질 범벅인 땅속에서도
살아있는 것들을 더욱 살아있게 하는 동안

어디선가 핏줄 굵은 석공들은

쨍쨍 날카로운 소리를 내며

엄청난 돌을 자르고 다듬고 있을 것이며

일제 때부터 있어왔다는 예배당

낡은 돌계단을 오르면

세상 모든 소리가 정지되고

지난날들의 기억들만 무심하게 핀 꽃들로

자꾸만 다가오고 다가오고

큰 나무 그늘아래 어디서 왔는지

하얀 노인들과 할 일 없는 남정네들이 모여

아래를 내려다보며 서성이는데

퍼렇게 흐르는 큰 강이

쉬 건널 수도 뛰어들 수도 없이

그냥 바라보기만 해야 하는

움직이지 않는 큰 강이 거기 있었다.

그 오리

그 오리
뒤뚱뒤뚱 걸어서
암컷 세 마리 거느리고
기웃기웃 뭘 기다리나
먹이 다 먹도록 지켜 주었다

그 오리
물속을 뱅뱅 돌며
첨벙첨벙 사랑놀음으로
느긋한 하루 보내나 했더니

저녁 무렵 꽥꽥!
화가 났구나.
멀리서 놀러 온 낯선 오리보고

어딜 넘보나, 얼씬도 마라.

푸드득 단숨에 쫓아버리는

그 오리

씩씩한 숫오리 한 놈.

폭설의 이유

눈이 오다니, 춘삼월인데
느닷없이 펑펑 내리다니
새순 돋았나 들여다보는 이른 봄인데
이리 무색하게 쏟아지다니

작년과 금년 사이
높은 산과 산 사이 아슬한 출렁다리 건너듯
위험한 겨울을 지나며
깜박 잊었구나, 눈이 내리지 않은 것을.

마른 가슴 속에서
나를 찾아 끝없이 빠져든 캄캄한 시간들을
이제 되돌아보는구나.

곧 골짜기를 헤매게 될지도 모르니
그걸 알라고, 그것뿐이라고
눈이 실컷 내리지 않았던 이유는 바로 그래서라고

하얀 눈이 3월 어느 날 저리 쏟아져
여기 있다고 외치는 사람들 수그리게 하고
우두커니 선 나무의 눈부신 옷이 되어
일단정지.

지나버린 그 날들 잊지 말라고.

후박나무 숨소리

낡은 뜰이지만 큰 후박나무가 살고
한구석에는 재래식 변소가 있던 둑방 가 셋집에서는
밤낮 우르릉 울려대는 차 소리로
그 큰 숨소리 듣지 못했는데

뜰도 없고 냄새도 없는 주택가 연립으로 이사 오니
너무 적막하여 별별 소리 다 들리는구나
밤엔 고양이들 뒤엉켜 야옹대는 소리
쥐들도 찍찍 도망가고 사각사각 바퀴벌레 살아가는 소리
까지도.

그런데 그 후박나무 숨소리까지
땅속에 코끼리 한 마리
코 고는 소리 같기도 하고

한숨 쉬는 소리 같기도 하고
하품 소리 같기도 하게
후이익 후욱, 크르륵 쏴악!
이곳까지 따라왔구나

무심하게 살았는데
어쩌면 정이 들었을지 몰라
힘들겠지만 우리 둑방 가에 한번 가서
그 집 후박나무 숨소리만 아주 옮겨 왔으면
여보, 그랬으면 잠 좀 들 것 같아.

시월에 우리는

시월에 우리는 하늘을 따라
푸르게 향기 나는 가슴을 열고
사랑하는 그분 사신 모습대로
넓게 크게 세상을 보자.

시월에 우리는 바람을 따라
끊임없이 흔들며 흔들리면서
그리운 그분 음성처럼
그윽하게 단호하게 세상을 가자.

욕심이며 슬픔의 풀들은 키우지 말기
나,라는 풍선은 부풀리지 말기

시월에 우리는 나무들처럼

내 한목숨 그분 소용을 위하여

베어지기를 못박혀지기를 기다리면서

깊어지자, 한없이 깊어지자.

수선화

어릴 적 그분은 내게 와서
눈물 가득 뜰을 만들어
뾰족한 꽃대로 키우시더니

향기도 없이 풀 위에 하얗게 떠서
둥둥 꽃잎으로 놀게 하시더니

휘몰아치는 모래벌판
또는 절벽 위에서
오늘은 숨죽인 수선화로 피라 하신다.

매운바람 속
한 마디 어김도 없이 일어서는
눈물의 수선화로.

하얀 여름

이 비에 어디 계시나
어머니, 부르면
칠월의 무성한 채소밭에서 일어나시네.

젊어선 신랑 늙어선 자식이라며
손길 끄는 대로 살아온 여든 해
물기 없이 줄어든 작은 몸
밤마다 별 쏟아지는 오막살이
홀로 누우셔도

못다한 사랑 여직 남아
날마다 씨앗 꼭꼭 심으시네.

배추꽃 피고 감자꽃 피고

호박꽃 피고 가지꽃 피고 노란 외꽃도 피어

시앗보아 떠나버린 신랑마저 다 잊고
곱디고운 깨꽃까지 가득가득 피우셨네.

어머니, 부르면
짙푸른 옥수수 밭에 안겨있다 나오시네
부끄러운 각시처럼 하얗게 웃으시며.

콩꽃

콩꽃이 핀다
논두렁 밭두렁 가리지 않고
콩 심은데 콩 나고 정직하게 자라
동녘 바람 남녘 바람 흔들리우며
비 맞고 햇볕에 등 태워 가며
콩꽃이 핀다 그린 듯하게.

콩 열리면 열 밥그릇 얹어 보태리
오며 가며 손길 주는 할미 눈주름
슬몃 솟은 풀 뽑아 주오며
가는 뿌리 지독한 가뭄 속에서
콩꽃이 핀다 콩꽃이 핀다.

에헤야, 나는 익어 어디든 가리

굴러서 굴러서 어디든 가리
술술 흐르는 노래 아니라
거친 흙 주린 곳 살 마른자리
찾는 손 어디든 굴러서 가리

긴 어둠 굽이굽이 자락을 지나
이 아침 한 잎 두 잎 열리우나니
떨어질 듯 보랏빛 엷은 이파리
콩꽃이 핀다 콩꽃이 핀다.

짠맛에 대하여

오래전 이야기다.

가진 것 모두 사랑에게 내어놓은 사람은
쭈글쭈글 거죽만 남아
종잇장만큼 가벼워졌지만
뒷덜미 묵직한 짐덩이가 되었다.

청춘은 잠시 머물렀다 사라졌다.

온갖 것을 만들고
씻고 쓸고 닦아 말리며
그저 좋게 좋게 웃다가
한 곳에 나란히 누운 하얀 인형들이 되었다.

할 말이 많아도 할 수 없는 때가 왔다.
아무도 들어주지 않아서 말할 필요가 없었다.
누구나 그런 날을 맞이하므로.

<u>흐르고 마르고</u>
쌓이고 증발하여
그들은 마침내 짜디짠 소금이 되었다.
가루가 되어 깊이 가라앉았다.

긴 시간이 지나
잊혀진 그들은 살아났다.
한 톨만 넣어도 침이 고이고
눈이 번쩍 뜨이게 감칠맛이 났다.
세상에 하나뿐인 존재를 알려주었다.

그들은 그래서

지천으로 피어나는 봄꽃이 되었다

깊은 밤 쏟아지는 폭우가 되었다

푹푹 쌓이는 붉은 잎이 되었다

종일 쏟아지는 흰 눈이 되었다

지금도 이어가는 이야기지만.

시를 모티브로 한 이야기 하나.

물 위의 집

얼굴이 뾰족하고 머리가 하얀 야시 할매는 바닷물 위에 살고 있었어요. 은천마을 어판장 옆 찰랑찰랑한 바다 위에 기둥을 세운 나무집이에요. 나즈막한 집의 마루 벽에는 삐걱, 소리 나는 쪽문이 하나 있었어요. 저녁 무렵이면 할머니는 쪽문 문턱에 한쪽 팔을 얹고 바다 건너 산기슭을 한참 동안 바라보았어요.

야시 할매 집에는 '똑이'라는 노란 고양이가 살고 있어요. 커다란 암놈인데 회색 눈을 말똥하게 뜨고 할머니 주위를 뱅뱅 돌며 거드름을 피웠어요.

"똑아! 어딨노?"

잠시라도 보이지 않으면 할머니의 카랑카랑한 목소리가 물결치듯 들려왔어요. 그럼 어딘가에서 노란 꼬리를 살랑거리며 '냐옹~'하고 똑이가 나타났어요. 늘 화난 얼굴인 할머니는 그때만큼은 주름진 입꼬리를 살짝 올리며 웃었어요.

조용한 할머니가 욕을 마구 할 때가 있었어요. 그건 바로 동네 사람들이 아무도 몰래 쥐약을 놓을 때입니다. 바닷가 마을이라 생선 상자와 그물을 쥐가 갉아먹어 상하게 하는 일이 잦았어요.

"덫을 놓으면 되지, 와 약을 써서 개도 고양이도 죽게 하는가 말이다. 문디들!"

이 정도의 욕은 아무 것도 아니에요. '손모가지를 확!'하는 말은 예사로 하지요. 호기심으로 쥐약을 먹고 멀쩡한 큰 개가 죽거나 애지중지 키우던 고양이가 죽는 일이 가끔 일어났어요. 할머니는 똑이가 혹시라도 변을 당할까 봐 미리 여기저기 알리는 것이었어요.

인색하기로도 유명한 야시 할매가 유일하게 인심을 베푸는 사람은 옆집에 사는 경이였어요. 마치 친할머니처럼 맛난 음식이 있으면 꼭 챙겨 주었어요. 명절같이 특별한 날에는 혼자 사는 할머니지만 온갖 음식을 장만하여 제사를 지낸답니다.

"경아, 우리 집에 놀러 온나"

야시 할매가 부르면 경이는 슬쩍 엄마 눈치를 봅니다. 엄마와 할머니는 이웃사촌이지만 사이가 썩 좋지는 않았어요.

"아, 우리 경이 지금 숙제 합니더." 라고 하던가, "경이가 몸이 쪼매 안 좋은 거 같아예" 라면서 슬며시 할머니 집으로 통하는 문을 닫아버리곤 합니다. 그럼 경이의 마음 한 켠은 허전해지지요. 엄마와 할머니가 친하게 지내면 물 위의 집에 자주 가서 놀 텐데, 싶었어요.

"무 한 쪼가리도 아끼는 할마시가 야시 맨치로 넘의 집 딸은 자꾸 살랑살랑 불러쌌네. 하나밖에 없는 아들 장가라도 빨리 보냈으면 우리 경이만 한 손녀가 있을낀데, 와 일찍 보내버리고 저래 외롭게 살꼬, 쯧쯧!"

엄마가 하는 말을 잘 알 수는 없지만, 경이는 물 위에 있는 할머니 집을 좋아했어요. 반짝반짝한 작은 마루와 삐꺽! 소리 나는 쪽문이 마음에 쏙 들어서예요.

오늘 아침에는 일찍부터 할머니 목소리가 카랑카랑 높았어요.

"똑아, 똑아!"

고양이가 마실 나가서 나타나지 않는가 보았어요. 곧 오려니 했는데, 학교 갔다 와 보니 할머니는 여전히 똑이를 찾고 있었어요.

"경아, 우리 똑이 못 봤나?"

"아직도 집에 안 들어 왔어예?"

"새벽부터 통 안보인데이…"

머리카락 한 올도 흘러내리지 않던 할머니의 반듯한 이마가 오늘은 얼기설기 어지러웠어요. 아마 어판장을 몇 바퀴 헤매다 오신 것 같았어요.

경이는 혹시나 하고 자기 집안을 둘러보았어요. 가끔 똑이가 살금살금 따라 들어온 적이 있거든요. 고양이를 싫어하는 경이 엄마는 짜증을 냈어요.

"지발 고양이는 델고 오지 말거라. 요물이라 해코지 하데이."

엄마가 싫어하는 걸 아는지 똑이는 야옹야옹 더 크게 울고는 슬며시 자기 집으로 돌아가곤 했어요.

바쁜 엄마가 오늘은 밭에도 안 나가고 부엌에서 솥을 닦고 있어요. 할머니네 집을 슬몃 훔쳐보면서요.

"경아, 똑이가 아직도 안 보인다나?"

"응! 어딜 갔는지 아직 안 들어와서 할매가 억수로 걱정하고 있네."

"설마 똑이가 약 먹은 쥐를 잡아먹은 건 아니겠재?"

경이를 바라보는 엄마의 표정이 예사롭지 않았어요.

"엄마! 설마, 창고에 쥐약 놓았어예?"

경이는 깜짝 놀랐어요. 얼마 전부터 경이네 창고에 자꾸 쥐가 들어 비싼 그물을 군데군데 갉아놓는다는 말을 듣긴 했어요. 경이 아빠는 멀리까지 가서 고기를 잡기 때문에 그물이 잘 보관되지 않으면 손해가 크다는 이야기를 늘 했거든요.

엄마는 배에 실을 온갖 음식물을 준비하는 일도 신경을 썼지만 무엇보다 그물을 온전하게 지키는 일에 신경이 곤두서 있었어요. 동네 사람들도 쥐 때문에 부쩍 골치를 앓고 있었어요. 은천마을 동장이 한날한시에 놓자고 집집마다 쥐약을 나눠주었어요. 약속한 그 날은 며칠 남았는데, 성질 급한 엄마가 미리 쥐약을 놓았을까? 갑자기 걱정이 몰려왔어요.

엄마는 내가 묻는 말에 아무 대꾸도 하지 않고 마당으로 휙, 나가버립니다.

'어쩌지, 똑이가 약 먹은 쥐를 건드렸으면?'

그렇지 않아도 엄마와 할머니 사이가 좋지 않은데, 만약

그런 일이 생긴다면? 경이는 더 생각하고 싶지 않았어요.

재작년 여름 태풍 때였어요. 무시무시한 바람이 휘몰아치자, 야시할매 집 나무 지붕이 홀떡 벗겨져서 경이네 장독대 위에 쾅! 하고 떨어졌어요. 엄마가 아끼는 커다란 장독들이 와장창! 깨져 버렸지요. 장독 속에는 부지런하고 솜씨 좋은 엄마가 일 년 내내 정성껏 담근 고추장, 된장, 간장도 있고, 엄마의 자랑거리인 된장 속 깻잎장아찌가 맛있게 익어 있었어요. 몇 년 치 양식이나 마찬가지인 밑반찬이 망가진 걸 보자 엄마는 넋 나간 사람이 되었어요.

태풍이 수그러들자마자, 따지러 간 엄마에게 할머니는 되레 당당하게 소리 질렀어요.

"사람도 죽는데 장독이 대수가? 니 눈깔에 장독만 보이나?"

"머라꼬예? 말 다 했는교? 태풍이 온다꼬 하모 지붕 단도리는 해야지. 무허가집이 이래 낡았는데!"

"단도리? 니 장독이나 단도리 잘 해놓재? 와, 이불 씌워서 꽁꽁 묶어두지 그랬노. 안방 한가운데 모셔놓지 그랬노? 무허가 집을 니가 지어줬나?. 내가 지은 내 집이다!"

엄마가 한마디를 하면 할머니는 서너 마디로 되갚음을 했어요. 엄마는 삿대질도 했어요.

"아니, 옆집에 큰 피해를 줘놓고 무신 할 말이 그래 많은교."

"바람이 그랬지, 내가 뿌샀나? 한 번만 더 '무허가'라꼬 해 바라. 주딩이를 확!"

"이 할마시가 진짜!"

삿대질과 말싸움은 주변 사람들이 뜯어말려서야 끝이 났어요. 그런 일이 있고 나니 매일 보는 사이지만 늘 서먹서먹했어요. 두 해나 지난 일이지만 어제 일처럼 아직 생생한 느낌이어서 또 그런 일이 생길까봐 경이는 걱정이 되었어요.

그날 할머니는 쪽문을 열고 바다를 바라보는 일도 하지 않았어요. 꼭꼭 문단속하는데, 오늘은 문을 열어놓고 불도 끄지 않았어요. 할머니는 밤새워 똑이를 기다릴 작정인 것 같았어요.

경이네 식구가 한자리에 앉아 저녁밥을 먹으려면 늦은 시간이 되어야 해요. 오늘은 엄마도 경이도 밥을 먹는 둥 마는 둥 했어요. 불을 끄고 누워 잠을 자려니, 방 천장에서 부스럭거리는 소리가 자꾸 났어요. 경이네 집은 기와집이지만 몇 해 손을 보지 않아 가끔 천정에서 무슨 소리가 날 때가 있었어요. 저러다 말려니 했는데, 잠이 들려고 하니 점점 더 크게 들리는 거예요.

"엄마, 천장에서 자꾸 무슨 소리가 나."

"그렇재? 천장에 쥐가 들어갔나?"

건넛방에서 자는 친척 오빠를 불렀어요. 다락방으로 올라가 천장을 살펴보던 오빠가 깜짝 놀랐어요.

"어! 똑이다. 똑이 찾았다."

"아니, 똑이가 와 거기 들어가 있노?"

엄마가 손전등을 비추고 친척 오빠는 온 힘을 다해 몸을 팔을 뻗어 고양이를 끄집어내었어요. 정말 똑이였어요. 축 늘어져서 입에 거품을 물고 있었어요.

"옴마야, 우짜꼬!"

엄마가 너무 놀라서 손전등을 떨어뜨렸어요.

"아직 안죽었심더. 내가 살려 볼께예."

친척 오빠는 똑이를 데리고 얼른 수돗가로 가서 물을 틀어 똑이를 토하게 하고 마구 배를 주무르기 시작했어요. 꿈틀거리는 걸 보니 금방 숨이 넘어갈 것만 같았어요.

그러는 사이 엄마는 야시할매 집으로 달려갔어요.

"할매요. 똑이 찾았어요! 똑이가…"

할머니는 하루 사이 뺨이 더 홀쭉해지셨어요. 금방 쓰러질 듯이 더듬더듬 벽을 붙잡고 경이네 집으로 건너왔어요.

"죽었나?"

할머니는 퀭한 눈으로 똑이를 들여다보았어요.

"아직은 숨이 붙어있어예."

오빠가 한참동안 만져주자 축 늘어졌던 똑이가 조금씩 기운을 차리는 것 같았어요.

'야옹'하는 소리가 아주 작게 들려옵니다. 동물을 잘 거두는 친척 오빠가 오늘은 다 죽어가는 똑이를 살려내었어요.

"똑이 어떠노, 개안나?"

"예! 인자 숨이 제대로 돌아왔심더. 그래도 오늘 밤은 지내봐야 되겠어예"

오빠가 자신감 넘치게 큰 소리로 대답했어요.

"아이구, 조금만 더 늦게 발견했어도 못 살릴뻔했다. 우리 경이가 오늘 큰일했어예.   경이가 천장에서 자꾸 무슨 소리가 난다고 하더라고예.'

엄마가 할머니 옆에서 우물쭈물 변명하고 있어요. 금방이라도 할머니의 욕설이 쏟아질 것 같았지만 할머니는 멍하니 똑이만 바라봅니다. 온종일 찾아 헤맨 똑이를 덥석 받아 안을 생각도 못 하고 있는 할머니를 보니 경이는 너무 안타까웠어요.

"할매요. 내가 잘못했니더. 모레 경이 애비가 멀리 어장에 나가야 하는데 그물이 탈나면 큰일이라 그만... 영리한 똑이는 상관없을 줄 알았지예."

엄마가 할머니 손을 덥석 잡으며 사과를 했어요. 남에게 미안하단 말을 절대 하지 않는 엄마가 오늘은 할머니에게 선선히 사과를 했어요.

"개안타 마. 살았으면 됐다. 똑이 우리 집에 좀 데려다 주게."

할머니는 뒤돌아서서 집으로 들어가셨어요. 오빠가 똑이를 데려다 주고 나왔어요.

"휴! 십년감수했네. 느그 둘이 아니었으면 큰일 날 뻔했다. 애썼다!"

"개안아예. 똑이가 살아서 다행이니더."

친척 오빠는 뒷머리를 긁적이며 자러 갔어요.

"야시할마시가 하나밖에 없는 아들을 일찍 잃었거든. 저 건너편 산 아래에 묻고 날마다 쳐다본다 아이가. 정붙일 데가 없으니 똑이를 더 끔찍하게 여기는기재."

나란히 누운 엄마가 할머니의 아들 이야기를 들려주었어요.

"돈도 많은 할마시가 굳이 저래 허름하게 살잖아."

"야시할매 사는 집이 나는 너무 좋은데…"

"좋긴 머 좋아, 한겨울에는 얼마나 추운데! 독한 할매라 저러고 살지… 올해도 태풍오면 우째 될지, 그 전에 들어내야 하는데 참 걱정이다, 걱정."

바깥일에 바쁜 아버지 대신에 고기잡이 배 여러 척을 챙겨야 하는 엄마가 다정하게 이말 저말 해주는 일은 처음인 것 같았어요. 할머니 집에 무슨 일이 생기는 다는 말도 처음 들었어요.

"할매집을 와 들어내는데예?"

"은천 어판장을 올해 넓힌단다. 무허가 야시 할매 집까지 싹 다 없애고 깨끗이 단장한다네. 그라모 우리 집은 훤해지니까 좋재."

엄마는 아무렇지도 않게 말했지만 경이는 깜짝 놀랐어요.

멀리서 보아도 정답게 보이는 물 위의 집이 사라진다면, 그건 은천 바다가 아닌 것 같았어요.

"그럼 야시할매 떠나야 하잖아. 계속 살아서 엄마하고 친하게 지내면 좋을텐데…"

경이의 말에 엄마가 빙그레 웃었어요.

"그렇재. 여태 내가 할매한테 냉냉하게 대해서 마음이 안 좋았다 아이가. 그라모 우리 아랫채 빈방에 오시라 하까? 문 열면 바다 건너 앞산이 잘 보이거든."

"할매 집을 그대로 옮겨오면 좋을 텐데."

"안되지. 너무 오래된 집이라 공사하다가 건드리면 저절로 뿌사질끼다."

이야기를 나누다 엄마도 경이도 누가 먼저랄 것도 없이 잠이 들었어요.

다음날 학교 가는 길에 경이는 야시할매 집에 들렀어요. 할머니는 마루에서 똑이를 안고 우유를 먹이고 있었어요. 열린 쪽문으로 황금빛 아침 해가 쏟아지고 있고요.

"할머니! 똑이 쫌 괜찮아예?"

"응. 느 엄마가 이 비싼 우유를 사다 주네. 입맛 다시는 걸

보니 살아나긴 했재. 경이 덕분에 우리 똑이가 살았구나. 고맙다!"

냉랭하던 할머니 표정이 환하게 펴져 있어요. 경이는 꾸벅 인사를 했어요.

"학교 댕겨 와서 똑이 보러 와도 되지예? 할머니께 말씀드릴 것도 있어예."

"그래, 경이가 놀러오면 나도 좋재. 학교 잘 다녀오니라"

희미하게 웃으시는 할머니는 하루 사이에 얼굴 주름이 부쩍 늘어 보였어요.

경이는 은천마을을 벗어나 좁은 길 여러 개가 합쳐지는 삼거리에 왔습니다. 파란 하늘에 무엇인가 펄럭거렸어요. 처음 보는 커다란 플래카드가 내걸려 있어요.

- 축 은천 어판장 확장공사 착공 -

무궁화 꽃 그림으로 꾸며진 플래카드는 거센 바닷바람에 요란하게 나부끼고 있었어요. 경이는 플래카드의 글씨를 읽어보느라 잠시 멈추었다가, 아랑곳하지 않고 동네를 벗어나 타박타박 걸어갔어요.

엮은이의 말

 예술가는 모두 자신만의 때가 있다. 하지만 세상은 그 때를 기다려주지 않는다. 가능한 조금이라도 더 어릴 때, 남들보다 뛰어난 기량을 발휘하는 이를 주목해 그에게 값을 매기고, 광고를 붙여 많은 사람들의 공감과 지지를 얻어낸다. 그리고 그것이 시장의 생존방식이 되며, 이 때에 미치지 못하는 예술가는 대부분 잊혀진다. 간혹 모든 때를 놓친 한 노년의 예술가에게 뜻하지 않는 기회가 주어지지만 이 또한 결국 온전한 예술가의 몫으로 돌아가기 어렵다. 어찌보면 사람들은 예술을 '소비'하는 것에만 관심이 있는지도 모른다.

 〈설탕한스푼〉은 '예술가의 예술가 됨'을 지지하는 마음을 담아 시작했다. 남들이 정해준 시간이 아닌, 자신만의 온전한 속도에 발맞춰 함께 기다리며, 작지만 선명한 힘을 보태는 일. 그 일을 위해 만들었다. 포기하지 않고 걷고자 하는 예술가와 동행할 수 있다면 큰 욕심을 부리지 않는다. 진심을 다해 꿈을 꾸는 예술가와 만나기를 간절히 바랄 뿐이다.

현실의 바다를 헤쳐온 시인의 첫 시집을 엮어서 세상에 내어놓는 일은 뜻깊은 일이다. 지나온 바닷길이 적혀있을 뿐 아니라 우리 앞의 낯선 바다를 헤쳐갈 힘이 담겨있기 때문이다.
시인의 늦은 첫걸음을 응원하고 기대한다.

살아있는 정물

Copyright 2022. 안혜원 all right reserved.
ISBN 979-11-980652-0-9 03810

발행일   2022년 12월 19일 초판 1쇄

지은이   안혜원
펴낸이   이건명

펴낸곳   설탕한스푼
주소   서울시 강동구 성내로 6다길 55 서도휴빌 110동 402호
전화   010-2245-0925
전자우편   aspoonfulofsugar.art@gmail.com

* 이 책의 판권은 지은이와 설탕한스푼에 있습니다.
* 양측의 서면 동의 없는 무단 전재 및 복제를 금합니다.
* 잘못 만들어진 책은 바꿔드립니다.